CHINESE BASIC WRITING（I）

汉语基础写作
（上）

李丹丹 / 编著

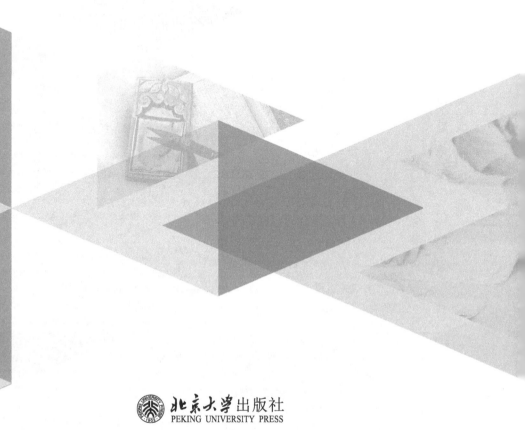

北京大学出版社
PEKING UNIVERSITY PRESS

图书在版编目(CIP)数据

汉语基础写作. 上 / 李丹丹编著. —北京：北京大学出版社，2018.8
ISBN 978-7-301-29754-4

Ⅰ.①汉… Ⅱ.①李… Ⅲ.①汉语 – 写作 – 对外汉语教学 – 教材 Ⅳ.①H195.4

中国版本图书馆CIP数据核字（2018）第 177167 号

书　　　名	汉语基础写作（上） HANYU JICHU XIEZUO (SHANG)
著作责任者	李丹丹　编著
责任编辑	任　蕾
标准书号	ISBN 978-7-301-29754-4
出版发行	北京大学出版社
地　　　址	北京市海淀区成府路 205 号　100871
网　　　址	http://www.pup.cn　　新浪微博：@北京大学出版社
电子信箱	zpup@pup.cn
电　　　话	邮购部 010-62752015　　发行部 010-62750672 编辑部 010-62753374
印　刷　者	北京虎彩文化传播有限公司
经　销　者	新华书店 787 毫米 × 1092 毫米　16 开本　10.25 印张　128千字 2018 年 8 月第 1 版　2023 年 12 月第 2 次印刷
定　　　价	36.00 元

未经许可，不得以任何方式复制或抄袭本书之部分或全部内容。
版权所有，侵权必究
举报电话：010-62752024　电子信箱：fd@pup.pku.edu.cn
图书如有印装质量问题，请与出版部联系，电话：010-62756370

暨南大学本科教材资助项目(外招生使用教材资助项目)立项资助

编写说明
Preface

　　本套教材是为汉语中级水平学习者编写的汉语基础写作教材，分上、下两册，每册五单元，每单元三课，共三十课，每册教学时间为一学期。

　　本教材的教学内容为叙事记叙文和应用文。教学目标有二：一是让学生能够熟练运用叙事记叙文的基础知识（如记叙的要素、记叙的人称）进行写作，并对文章的结构布局、过渡连接（如记叙的详略、记叙的顺序、记叙的线索）等形成一些基础的认识，以提高叙事记叙文的写作能力。二是让学生能够在相应的场合使用应用文进行交际，以适应生活和工作的需要。记叙文部分并不要求学生全部用汉语的书面语来写，只要"我手写我口"即可；应用文部分则较多涉及书面语。因此在一个单元中编入两课记叙文和一课应用文，可以使学生的口语化和书面语化的汉语写作能力都得到相应的训练。

　　为了达到以上教学目标，本教材每课都设置了"看一看""说一说""写一写"和"读一读"四个方面的内容。"看一看"一般提供一两篇例文，这些例文大都是暨南大学华文学院汉语系本科班、中级班的留学生习作，例文内容贴近留学生的生活，同时篇幅较短，能够较好地体现本课的教学重点，有利于节约教师用于课堂讲解的时间。"说一说"一般就例文内容对学生进行提问，在提问中自然地带出本课的教学重点。"写一写"一般设计三个题目，第一题和第二题主要让学生进行填空、选择、判断、扩充、缩减等基础练习，以熟练掌握、融会贯通本课的教学重点。第三题主要让学生进行当堂写作训练，这一训练建立在完成第一题和第二题的练习的基础之上，写作的难度已经得到分级的消解和有效的控制。教师应鼓励学生尽量当堂完成这一练习，以提高写作速度，养成良好的写作习惯。"读一读"一般再提供一篇例文，这是为加深学生对本课教学内容的理解，拓展他们的课外阅读量而设计的，教师可不予讲解，督促学生课外自主学习即可。

　　本教材积十年的教学实践，反复修改，成为现在的面貌。建议使用本教材的学校每周安排一次汉语基础写作课，每次两课时连上，原则上每周完成一课的教学任务。

　　本教材中的例文大多已注明作者及出处，未提供出处者为编者自撰，特此说明。

编　者

2017 年 5 月 15 日

目 录 Contents

编写说明 Preface I

Unit 1 第一单元
第一课　记叙的要素 1
第二课　记叙的人称 12
第三课　应用：请假 24

Unit 2 第二单元
第四课　记叙的顺序 32
第五课　记叙的详略 43
第六课　应用：请柬 54

Unit 3 第三单元
第七课　记叙的线索 60
第八课　记一件事情 74
第九课　应用：祝贺 85

Unit 4 第四单元
第十课　编一个故事 91
第十一课　开头与结尾 104
第十二课　应用：启事 115

III

**Unit 5
第五单元**

第十三课　描写中的修辞（一）·················· 121
第十四课　描写中的修辞（二）·················· 131
第十五课　应用：书信 ································ 139

参考答案 Reference Answer　　　　　　　145
后记 Postscript　　　　　　　　　　　　　156

Unit 1 第一单元

第一课 记叙的要素

一、看一看

剪头发

新西兰　郑丹乔

我来中国学汉语已经三个多月了,学校附近的超市、餐厅、电影院、干洗店都去过了,可是,我还从没去过理发店呢。眼看头发越来越长,而天气越来越热,实在受不了了,今天我只好鼓起勇气去剪头发。

为什么说要鼓起勇气呢?一是听我的朋友说,在中国剪头发要先洗头,再剪头发,再洗头,再吹

干……我觉得要花很长时间，实在太麻烦了。二是我的汉语还不太好，我不知道怎么跟发型师说明我想要的发型，万一发型师不明白我的意思，把我的头发剪成奇怪的样子，那我就不敢去上学了！

就这样焦虑不安地想着，我推开了一个理发店的门。一位服务员过来问我："你好，请问你是要洗头还是要做发型？"我说："我要剪头发。"果然，我回答的是剪头发，他还是把我带去洗头了……

终于，我见到了我的发型师，不过这一次让我意外的是，他居然拿给我一台平板电脑，让我从图片库中选择我喜欢的发型！真的是太方便了，我怎么没有想到这么好的办法呢！我不安的感觉立刻消失了。接下来的时间，我的心情非常好，发型师非常自信又熟练地把我的头发咔嚓咔嚓地剪短了。剪完头发，发型师又叫我去洗头，但热水冲到我头上的时候，我居然觉得好舒服啊。还是中国的理发店服务好啊，我嫌麻烦的想法一点儿也没有了。

回家的路上我想，在国外生活，什么事情都会有第一次，做之前要多听别人的意见，但更重要的是自己去感受。

二、说一说

今天我们开始学习记叙文的写法，请大家回答下面的问题。

1. 上面这篇文章，写了一件什么事？

2. 这件事发生在什么时候？

3. 这件事发生在什么地方？

4. 这件事的主人公是谁？

5. 这件事发生的原因是什么？

6. 这件事具体的过程是怎么样的？

7. 这件事的结果怎么样？

把以上问题的答案连在一起，就是今天我们要学习的内容：**记叙的要素**。

时间 + 地点 + 人物 + 事情 { 起因 / 经过 / 结果

三、写一写

1. 根据图片，写出相关的六要素。

（1）

_____（时间），玛丽、露西和蜜雪儿在_____（地点）_____（事情），最后她们买了_____（结果）。

（2）

第一课 记叙的要素
Lesson One

_____（时间），_____（人物）在_____（地点）_____（事情）。爸爸耐心地教_____怎么切菜，_____在旁边打鸡蛋，他们看起来很幸福！

（3）

星期六，_____（人物）在_____（地点）_____（事情），我们一边_____一边_____。_____非常有意思。

2. 请根据记叙的六要素，把下列句子重新排列为一篇完整的文章。

（1） 上学

（　　）好不容易挤上地铁，到了学校后我觉得已经很累了，都不想学习了。

5

(　　) 我以前住得远，每天早上一般坐地铁到学校上课。

(　　) 后来我在离学校不太远的地方租了个房子，走半个小时的路就到学校了。

(　　) 广州的地铁虽然快，但早上人很多。

(　　) 就是房子的租金比以前贵了不少，我的钱包越来越扁了。

(　　) 一个学期下来，我的身体越来越好了，学习的成绩也越来越好了。

（2）　　　　过生日

(　　) 可大家这么高兴，我也不好意思说不是我的生日呀，只好不停地说："谢谢、谢谢。"

(　　) 昨天下课的时候，班长说："请大家等一下，咱们一起给班里的一位同学过生日！"

(　　) 没想到同学们把蛋糕放到了我面前的桌子上，非常真诚地说道："丽莎，祝你生日快乐！"

(　　) 不过11月3日的时候，我已经回国了，我感谢自己的错误，让我在中国留下了和同学们一起过生日的美好回忆。

(　　) 我惊呆了，我的生日是11月3日，今天是3月11日，不是我的生日呀，大家一定是搞错了！

第一课　记叙的要素
Lesson One

（　　）这个时候，班里的两位同学从教室外面一起端着一个蛋糕走进来，我跟着大家一边唱着生日歌，一边猜想着谁是寿星。

（　　）"生日"的第二天，我才知道，原来是我在班级通讯录上填的出生年月日的顺序写错了：在我的国家，写日期的时候先写日，再写月，最后写年；在中国，先写年，再写月，最后写日。

3. 当堂作文。

请以《开学第一天》为题，写出你在开学第一天发生的一件事，注意写出记叙的六要素。

建议字数：400字左右。

汉语基础写作 上
HANYU JICHU XIEZUO (SHANG)

第一课　记叙的要素
Lesson One

四、读一读

课后请读一读这篇文章，找出文章的六要素。

决定分班的考试

日本 山本大志

上个星期六，我们还没有正式开学，但我要参加分班考试，来决定新学期我要去哪个班学习汉语。

我们学院一般按照学生的汉语水平分班，初级班水平最低的是零起点班，即初级上班，最高的是初级下班。我上学期在初级中班学习汉语，所以我

第一课　记叙的要素
Lesson One

原来打算听从学校的安排，升到初级下班。可是这个寒假我在中国旅行了大约50天。在旅行之前，我只能跟中国人进行简单的对话，这个寒假过后我的汉语水平提高得很快，特别是口语。所以我决定参加分班考试，争取从初级班直接跳到中级上班。

考试那天，我早早地到了教室，可是除了我以外，一个人也没有。我感到深深地寂寞，同时也明白了对于一般人来说，跳班是不容易的事情。

考完后，我觉得自己考得不太好，应该去不了中级上班。我有点儿后悔参加分班考试。

但是，考试结果让我感到非常意外，我不是被分到了中级上班，而是被分到了水平更高的中级下班，因为我考得太好了！

中级下班的同学说汉语说得都很流利。现在我在中级下班，每天的心情都有点儿复杂，因为学习的内容比起上学期来要难得多，但是又是我所希望的水平更高的内容。

你们觉得我是幸运的还是倒霉的？

Unit 1 第一单元

第二课
记叙的人称

一、看一看

例文（一）

一件倒霉的事情

印度尼西亚　张金钻

寒假的时候，我从中国回到印尼。在印尼的飞机场，我遇到了一件很倒霉的事，就是我的行李不见了。

事情是这样的，我下飞机拿到行李之后，就去了洗手间。因为行李箱有点儿大，推到洗手间里面有点儿麻烦，我就把它放

在洗手间外面的角落里。没想到,我出来的时候,行李就没了。我找了半天也没有找到它,只能接受它已经被别人拿走的现实。好在行李箱里面没有什么贵重的东西,只是我给亲戚朋友们带的中国的好吃的、好玩的。礼物都没有了,我感觉很抱歉。

这件事情发生以后,我体会到了以后不管在哪里,不管做什么事情,都要照顾好自己的东西。

例文(二)

HSK 考试

韩国　庆东勋

有一个人乏力地走出考场。他看上去脸色苍白,也没有力气,但是他的脸上有一丝笑意。

这个人刚刚参加了HSK 6级考试,在这之前,他已经考过3次了,但是每次他都考不过,越考不过越紧张。今年是他在大学读书的最后一年,为了毕业,他一定要通过HSK 6级。因此每天他都在图书馆认真地学习。

进考场之前,他叮嘱自己:"加油!不要紧张!我

可以的!"虽然如此,他的心脏还是跳得很厉害,手心都出汗了。考试开始之后,他很快就遇到了不会做的题,他着急地想:"哎呀……这道题是复习过的呀!你快点儿想起来!想起来!"看到他皱着眉头、满头大汗的样子,有位监考老师走到他身边,低声问他:"你身体不舒服?"他说:"没事没事,是题太难了。"监考老师听后笑着对他说:"不要紧张,你肯定会通过的。"这位老师温柔的话很好地安慰了他,他慢慢平静下来,终于顺利地完成了考试。他感觉这一次一定能通过。

第二课　记叙的人称
Lesson Two

二、说一说

今天我们学习记叙文的人称。记叙文的人称有三种：第一人称为"我""我们"；第二人称为"你""你们"；第三人称为"他""他们"。用第一人称和第三人称来写作比较常见，用第二人称比较少见。

请阅读例文一和例文二，回答下面的问题。

1. 例文一是以第几人称来写的？

2. 例文二是以第几人称来写的？

3. 用第一人称和第三人称来写记叙文，效果会有什么不同？

三、写一写

1. 下面这几段话分别是用什么人称来写的？请选择正确的答案。

（1）我最喜欢的朋友叫王明，我们两个经常在一块儿玩。（第一人称 / 第二人称 / 第三人称）

（2）许多年前有个公主，为了要穿得漂亮，她不惜把所有的钱都花掉。（第一人称 / 第二人称 / 第三人称）

（3）朋友，你去过广州吗？如果去过，你一定游览过珠江吧？（第一人称 / 第二人称 / 第三人称）

2. 请按要求改变下面句子记叙的人称。

（1）他想："这件事情不能怪麦克。要怪就要怪我自己。"（改成第一人称）

（2）林小明第一个站起来，轻轻地走到讲台，把试卷交给了陈老师。（改成第一人称）

（3）丹尼想找玛丽一起做听说课的对话练习，但玛丽不在宿舍，他只好找别的同学了。（改成第一人称）

（4）我本来想坐地铁的时候带本书看的，可是放到包里觉得实在太沉，又把它拿出来了。（改成第三人称）

（5）昨天我回到家里，肚子正饿呢，没想到我的房东老奶奶给我送了一盘饺子。冲了一杯美式咖啡，我吃了一顿美味的中美混合餐。（改成第三人称）

第二课 记叙的人称
Lesson Two

（6）北京大学的花儿开了，我拍了很多照片发给我的朋友们看，他们都说美极了，非常羡慕我能在这么美丽的校园里学习。（改成第三人称）

_____

_____

3. 下面这段话是用第一人称叙述的，找一找什么地方有问题，跟同学讨论一下怎么修改。

期末考试试题太难了。天气很热，我苦苦地思考，还是一道题也不会做。我的汗珠顺着耳边流下来。我的头皮发胀，觉得天旋地转——咕咚一声我摔倒在地上，昏了过去。监考老师急忙跑过来把我扶起来。全班同学也都停住笔吃惊地朝我这里看。一时间教室里乱了起来。

问题：

_____

_____

_____

_____

4. 当堂作文。

这篇短文是用第三人称描写的，试一试以"阿美"为第一人称进行改写。

17

等 信

日本 山胁绿

这是一个发生在二十年前的故事。

那年春天,阿凯和他心爱的女孩结了婚,他感到生活如此幸福、快乐。可这幸福的感觉没过多长时间,他就接到了远赴非洲工作的任务。那天,他心情沮丧地把这个消息告诉了妻子阿美,阿美因为担心他的安全,心里一着急,差点晕过去。他轻轻地搂着她,说:"不用担心我,我会照顾好自己的,我每天都会给你写信。我爱你!"

离别的日子是漫长的、痛苦的,但对于阿美来说,也是幸福的、值得期待的。因为她每天都能收到阿凯的信,阿凯会把在非洲生活的点点滴滴都告诉她,也会鸿雁传情,表达着对阿美的思念。阿美已经渐渐开始习惯了每天收信、读信、回信的生活。

可是,这样的生活突然被打破了。已经整整十天了,阿美都没有收到阿凯的信,她心急如焚,白天茶不思、饭不想,只要门口有一点点声响,她都会迫不及待地跑去开门;夜晚,她又噩梦连连,一次又一次的惊醒……

这天,阿美家的门铃突然响了,她连拖鞋都没有穿就慌慌张张地跑去开门。送信员真的来了!她双手颤抖着接过来信,眼泪一下子就落了下来。她害怕极了,担心极了,她慢慢拆开信,看着信里的字字句句哭出了声。这封信不是阿凯写的,而是阿凯的上司写的。因为阿凯在工作时不幸遭遇了车祸,死里逃生,正在医院治疗。

第二课　记叙的人称
Lesson Two

　　阿美，这个柔弱的女人，放声大哭以后，内心渐渐平静下来，她感到自己从没有这样坚强过、这样勇敢过。此时，她拿起笔，她要赶紧给阿凯的上司回信，她要去照顾阿凯，她要让阿凯活着回来！

汉语基础写作 上
HANYU JICHU XIEZUO (SHANG)

第二课　记叙的人称
Lesson Two

四、读一读

课后读一读这篇自我介绍，想一想，用第三人称来写自我介绍，跟用第一人称"我"来写自我介绍，有什么不同的效果？

他是谁？

加拿大　高川子

有这么一位帅哥，他长得非常帅，浓浓的眉毛下有一双蓝色的眼睛，身材像足球运动员那么结实，嘿嘿，是不是挺帅呢？

他很擅长电脑。班里的老师和同学谁遇到电脑的问题，第一个反应就是找他。他只要随便看看，就能很快发现是什么地方有问题，把它解决好。每次别人夸他，他都非常客气地说："哎呀，这没什么。"可是，他心里却有点儿得意。因为女同学的电脑有问题，他成了我们班第一个进到女生宿舍参观的男生，别的男同学都羡慕死他了。

他还有许多优点，可美中不足的就是——马虎。比如说那次听写，老师让大家写"考试"，他却写成

第二课　记叙的人称
Lesson Two

了"老试"。老师说他太马虎,他挠挠脑袋说:"嘿嘿,老师,考试考多了,人很容易变老的。"全班同学都哈哈大笑起来。

这个人是谁？

他呀，就是我。

Unit 1 第一单元

第三课
应用：请假

一、看一看

例文（一）

请假条

张老师：

　　我因牙疼得厉害，今天下午不能去上课，特此请假。

　　此致

敬礼！

路易斯

2017年10月8日

第三课 应用：请假
Lesson Three

例文（二）

请假条

王经理：

　　我因护照即将过期，需要回国办理相关手续，特向您请假一周，请予批准。

　　此致

敬礼！

卡门

2017年1月20日

二、说一说

今天我们来学习应用文中"请假条"的写法，请阅读例文（一）和（二），回答下列问题。

1. 请假条是做什么用的？

2. 猜一猜"请予批准"的意思。

3. 猜一猜"此致""敬礼"的意思。

三、写一写

1. 思考练习：阅读下面的请假条，后面有修改意见，请判断修改意见是否正确。

王老师
因为我生病了，不能上课，我要请假。
2017年3月6日
奥巴达

（1）请假条要有标题。　　　　　　　　　　　（　　）
（2）称呼"王老师"后面要加冒号"："。　　　　（　　）
（3）请假条的正文第一句"因为我生病了"的前面不用空两格。　　　　　　　　　　　　　　（　　）
（4）请假人的姓名应该写在日期的下面。　　　　（　　）
（5）请假人的姓名和日期应该放在左下角。　　　（　　）
（6）请假条应该写清楚请多少天假。　　　　　　（　　）
（7）给老师写的请假条不需要写"此致 敬礼"。　（　　）

第三课　应用：请假
Lesson Three

2. 表达练习：请仿照例子，补充请假条中的请假理由和请假事项。

例：我因感冒发烧，昨天上午没去上课。

（1）我因去机场接妈妈，_____。
（2）我因身体的原因，_____。
（3）_____，不能参加今天的活动。
（4）_____，不能继续学习。
（5）我因_____，_____。

3. 下面这些句子比较口语化，请你用括号中的词语把句子修改成书面语。

（1）因为我明天有事，所以要请假一天。（特此）
_____

（2）我要请假，请老师同意。（请予批准）
_____

（3）因为我姐姐要结婚，我下周三要回国。（将于）
_____

（4）我听说我的朋友要来广州。（得知）
_____

4. 当堂作文。

你有一件重要的事要处理,需要请假一周。请你给班主任陈老师写个请假条。

第三课　应用：请假
Lesson Three

第三课 应用：请假
Lesson Three

四、读一读

课后请读一读下面的请假条，说说有什么错误。

王老师，

我要去火车站接朋友，今天上午的课不能上了。

特此请假半天，请你批准

　　此致

玛丽

2018 年 5 月 8 日

31

Unit 2 第二单元

第四课
记叙的顺序

一、看一看

例文（一）

做　饭

哥伦比亚　张舒敏

上个周末，我的一个朋友请我去她家一起做家乡菜。我非常高兴，因为我已经很久没有吃过哥伦比亚菜了。

第四课　记叙的顺序
Lesson Four

为此，我特意坐了一个半小时的车去她家。

到了朋友家，我们先讨论做什么菜，决定之后一起去市场买菜。回到家的时候天都黑了，我们俩赶紧开始做饭，但是一不小心，我们把买回来的材料全都用了，结果我们两个人的晚饭好像是给六个人吃的一样。

好不容易做好的家乡菜，我们可不想浪费，所以我们两个人坚持把所有的菜都吃光了。吃完后，我真的一动都不想动，但是没办法，我的宿舍晚上10点钟要关门，我只好赶去坐地铁。坐地铁的时候，我开始觉得自己不舒服，然后一到宿舍就马上开始呕吐。

我的同屋看见我这样，立刻问我要不要去看医生。我说不用，马上就会好的。没想到之后的大半个晚上，我都不断地去洗手间，根本没有办法睡觉。最后实在受不了了，半夜4点，我的同屋陪我去了医院看急诊，花了500多块钱，到了早上8点钟才回宿舍。接下来三天，我什么都吃不下，也上不了课。

转眼间，这周周末很快就要到了，我的身体也恢复了，同学们又可以约我了……但除了做饭，咱们玩别的好吗？

例文（二）

儿子的生日

日本　大伴靖子

今天是我儿子的生日，他四岁了，看着他的笑脸，我想起了四年前他出生的日子。

那天我已经超过了预产期，我一直在关注孩子什么时候出来。要说明的是，那段时间我有点儿焦虑，由于丈夫的工作有变动，我们打算这个孩子出生后就搬家，因此孩子什么时候出生，直接影响到我们接下来的所有安排。我每天去看医生，但孩子一点儿要出生的意思都没有。所以我和医生商量，决定用药把他催生出来。这已经是我的第二个孩子，对于生孩子我已经有经验了，

第四课　记叙的顺序
Lesson Four

所以我并不担心。

下午一点，医生给我用了药，但是两个小时过去了，我还是一点儿感觉都没有。当时，我丈夫也还没有从外地赶到医院，所以我也不着急，一直在产房看电视，虽然有点儿无聊，但是很轻松。

然后，没想到突然发生了阵痛……十分钟后，孩子就生出来了。这件事情立即就完成了，产房里的其他人都不知道他是什么时候出来的。

看来他是一个很孝顺的孩子，他不愿意让我痛苦，虽然丈夫和亲人来晚了，但是我的身体没有受太多折磨，之后也恢复得特别快。

每年9月，到了他生日那一天，我就会想起他出生的那一天，给我终生留下深刻印象的那一天。

二、说一说

今天我们学习记叙文的顺序，记叙文的顺序主要有顺叙、倒叙、插叙三种。

例文（一）先写上个周末的事情，再写现在的事情，这种按照事情发生、发展的时间先后顺序来叙述的方法叫"顺叙"。

例文（二）先写今天的事情，再写四年前的事情，这种先写现在、再写过去的叙述方法叫"倒叙"。

在例文（二）的第二段，有这么一句话："要说明的是，那段时间我有点儿焦虑，由于丈夫的工作有变动，我们打算这个孩子出生后就搬家，因此孩子什么时候出生，直接影响到我们接下来的所有安排。"这一句话是在叙述孩子过了预产期这一事件时，插入说明作者当时的家庭情况。这种在写一件事的时候插入另一件事或相关说明的叙述方法叫"插叙"。

读完这两篇例文后，请回答下面的问题。

1. 如果例文（一）改用"倒叙"来记叙，开头应该怎么改写？

2. 如果例文（二）改用"顺叙"来记叙，跟原文有什么不同？哪一种记叙的顺序更好？

3. 试着把例文（二）中"插叙"的部分去掉，原文是否还顺畅合理？

第四课　记叙的顺序
Lesson Four

三、写一写

1. 请阅读下面的句子，判断记叙的顺序是顺叙、倒叙还是插叙。

（1）去年我一个人去巴黎旅游，认识了一个也是独自一人去旅游的美国女孩儿。我们一起去了两三个景点，互相给对方拍照，玩儿得很开心。上个月，她来上海出差，我们又见面了，还约好了有机会一起去北京旅游，去看故宫和长城。（　　　）

（2）我已经到中国三年了，也认识了不少朋友。我还记得刚到中国的时候，一个朋友也没有。那是三年前的春天，经常下雨，路上总是湿漉漉的，很滑。有一天，我出门倒垃圾的时候在邻居家门前滑倒，这时候，有个女孩儿开了门，把我扶起来。这就是我的第一个中国朋友。（　　　）

（3）我们班的同学在一起，除了上课一起学汉语外，下课还常常一起去吃饭。都说"食在广州"，在广州读书要是不把广州的美食吃个遍，那可就太遗憾啦！这个周末我们打算去北京路吃地道的广州点心。（　　　）

2. 下面这篇文章的顺序被打乱了，请按照"倒叙"的顺序调整。

（　　　）我来中国已经一年多了，很多地方都开始慢慢适应了，但在饮食方面好像总是差那么一点儿。

(　　) 今年秋天开始的时候,我得了肠胃炎,这个时候我特别想念妈妈做的饭。

(　　) 在国外生活,每当我身体不好的时候,妈妈做的菜对我来说都是一种无形的力量。妈妈,我想念你做的菜。

(　　) 去年春天我去妈妈家的时候,妈妈为我准备了好多饭菜,都是我喜欢吃的。

(　　) 离开时,妈妈还准备了好多菜,让我拿回家和丈夫一起吃。

3. 当堂作文。

请以《周末》为题,写一写你来中国之后度过的一个难忘的周末。注意用倒叙的顺序来写。

建议字数:400字左右。

第四课　记叙的顺序

Lesson Four

第四课　记叙的顺序
Lesson Four

四、读一读

课后请读一读这篇文章，想一想这篇文章的第三段是倒叙还是插叙？

维修的故事

日本　新宫麻子

我在中国住的房子是通过房地产公司租的，那家公司有日本员工和会说日语的中国员工。如果家里出现什么问题，我就立刻跟那家公司联系，然后他们就安排工作人员和维修师傅到我家里来看看，并快速地帮我解决问题。他们的服务很周到。虽然经常有一些小问题，但我对租的这个房子还是很满意的。

去年12月底，我家的空调坏了。那天早上，我像往常一样给那家公司打电话说明问题所在。上午

10点多钟,工作人员和熟悉的师傅都按时到了我家。我不由得想起以前我在别的国家租房的经历。

我住在英国和荷兰的时候,如果发现房子有什么问题,我要先跟房东联系,然后自己安排修理。修理前必须得到房东的同意,所以需要很长时间才能解决问题。我最讨厌的事情是,师傅肯定地说:"从9点到16点的那段时间,我会去你家看看!"结果,他总是16点才到我家。

这一次,我家里的空调很快就修好了。那位师傅临走时,我对他说:"再见!"他微笑着说:"明年见!"我也微笑着对他说:"希望我们很久都不要见面!"

Unit 2 第二单元

第五课
记叙的详略

一、看一看

大声说话

日本 佐藤智子

很多外国人刚来中国的时候,会发现有些中国人说话声音很大,好像是在和别人生气、吵架一样。我刚来中国的时候,遇到过几次这种情况,那时我也有一样的感觉。可是经历过一件事之后,我的想法改变了。

前年10月的一天，我要去拜访一个朋友，她家附近没有地铁，所以我坐出租车去她家。当时我只会说一点儿汉语，很多话听不懂。因此去陌生的地方时，我总是感到很紧张。这次，我也非常紧张，还有点儿害怕，因为上了车才发现司机长得有点儿凶。这时我往窗外看，突然发现这不是去朋友家的路，而是一条完全陌生的路。我很着急地对司机说："不、不、不是这条路！"可是他却表现得有点儿生气，很大声地说着什么，我却听不懂。我非常担心地想："我是外国人，他是不是故意开远路？不行，我要找人帮助。"我拿出手机给我先生打了电话，说明我的情况。可是他也不会说汉语，他赶紧让公司的翻译接了电话，然后我把手机给了司机。司机跟翻译说话还是非常大声，说完之后，他把手机还给我，然后继续专心开车。我马上给翻译发信息问他司机说了什么。翻译说："他说他错过了要进去的路口，所以一直在跟你说，他走错了，是他的失误，不需要你付全部的车费，不用担心。"我这才明白他的意思，我觉得很不好意思，因为我误会他了。

怪不得中国人常常说："人不可貌相，海水不可斗量。"通过这件事，我才明白这个道理——我们不能用

第五课　记叙的详略
Lesson Five

自己的标准来简单地判断别人，否则会产生很大的误会。我现在差不多习惯了在中国的生活，当然我在公共场所仍然有时会听到比较大的说话声，可是现在我明白了，说话的人并不一定在生气，可能他是着急，也可能是听不清楚，甚至可能就是一种说话的习惯而已。

二、说一说

今天我们来学习一种写作方法，即写作时要注意"详略得当"。"详略得当"的意思是：叙述一件事情或描写一个人的时候，能突出主题的地方可以写得比较详细，不能突出主题的地方可以写得比较简单。

在《大声说话》这篇文章里，作者哪些部分写得比较详细？哪些部分写得比较简单？写得详细的在括号中写"详"，写得简单的在括号中写"略"，并说说为什么。

1. 很多外国人刚来中国时的印象。　　　　（　　）
2. 我刚到中国时的印象。　　　　　　　　（　　）
3. 我朋友家附近没有地铁。　　　　　　　（　　）
4. 出租车司机的外貌。　　　　　　　　　（　　）
5. 我发现司机开错路时的心理活动。　　　（　　）
6. 我找人帮忙的过程。　　　　　　　　　（　　）

7. 这件事发生以后我的想法。　　　　　　　（　　）

现在我们来试一试，怎么"详略得当"地写一件事吧！

三、写一写

1. 下面是三篇短文的题目和材料，请根据文章的主题选出需要详写的部分。

（1）　　　　　　　做　饭

第一部分：我来留学以前从来没有做过饭。　（　　）

第二部分：来中国后需要自己做饭。　　　　（　　）

第三部分：我是怎么做饭的。　　　　　　　（　　）

第四部分：我做完饭还打扫了屋子。　　　　（　　）

第五部分：我因为会做饭还找到了女朋友。　（　　）

（2）　　　　　　"老鹰捉小鸡"

第五课　记叙的详略
Lesson Five

第一部分：有一种游戏叫"老鹰捉小鸡"。　（　　）

第二部分：我在我的国家从来没玩儿过。　（　　）

第三部分：今天我在公园里看到小朋友是怎么玩儿
　　　　　这个游戏的。　　　　　　　　　（　　）

第四部分：我问小朋友我能不能当老鹰。　（　　）

第五部分：我和小朋友怎么玩儿这个游戏的。（　　）

第六部分：我和小朋友们道别。　　　　　（　　）

（3）　　　　　　　羽毛球决赛

第一部分：学校举行羽毛球比赛。　　　　（　　）

第二部分：我代表印度尼西亚队在初赛中战胜了
　　　　　对手，进了决赛。　　　　　　（　　）

第三部分：决赛的前两局我和对手各胜一局。（　　）

第四部分：决赛的第三局我们是怎么打的。（　　）

第五部分：最后我赢了比赛。　　　　　　（　　）

2. 下面的句子写得比较简单，请把它们写得详细一点儿。

例：我骑在车子上。
　　　我<u>先把右脚迈过去</u>，骑在车子上。
　　　我骑在车子上，骑得<u>很稳当</u>。

（1）他做饭。
　　　他＿＿＿＿＿＿＿＿＿＿＿＿＿＿地做饭。

47

他做饭做得＿＿＿＿＿＿＿＿＿＿＿＿＿＿＿＿。

（2）当老鹰的同学扑向别的小朋友。

当老鹰的同学＿＿＿＿＿＿＿＿＿＿＿＿地扑向别的小朋友。

当老鹰的同学扑向别的小朋友，小朋友们＿＿＿＿＿＿＿＿＿＿＿＿＿＿＿＿＿。

（3）他接住了我的球。

他＿＿＿＿＿＿＿＿＿＿＿＿＿＿＿＿地接住了我的球。

他接住了我＿＿＿＿＿＿＿＿＿＿＿＿＿＿的球，又立刻发了回来。

3. 当堂作文。

下面是一个成语故事，请你想想，这个故事什么地方需要写得详细，什么地方需要写得简单，你能把它扩写成一个详略得当的故事吗？

建议字数：400字左右。

第五课　记叙的详略
Lesson Five

守株待兔

　　古时候，有一个农民在田里锄地时，看见一只兔子飞跑过来，一头撞在路边的一棵大树上。兔子撞断了脖子，死在大树底下。那个农民非常高兴，因为他白捡了一只兔子。第二天，他不去锄地了，每天都坐在大树底下，等待兔子来撞树。可是后来，他再也没有碰到一只兔子。

第五课 记叙的详略
Lesson Five

四、读一读

课后请读一读下面这篇文章,想一想这篇文章是否做到了详略得当。

养 狗

印度尼西亚 许彬彬

小时候,我家里养了一只小黑狗。那时候,我和弟弟真的很兴奋。我们每天都一起玩儿。直到有一天早上,我睡醒的时候,找不到小狗了,妈妈告诉我:"小狗已经死了。"起初我还以为妈妈是在跟我开玩笑,但是后来,我在家里到处找也找不到它,直到在门口看到一个小小的箱子,我才知道这是真的。由于这一经历,我们家之后很多年都没有养狗。

上了高中,我要求妈妈给我买一只狗。不管我怎么求她,她就是不答应。到最后,我舅妈家里的母狗生了几只小狗,为了满足我的心愿,她送给我一只小狗。我妈妈也就无可奈何地答应了家里养狗这件事。那时我开心极了。

第五课　记叙的详略
Lesson Five

　　后来，我读高三时，又有一位同学送了我一只小狗。这样一来我家就有了两只狗。重新养狗之后，我发现家里人原来都很喜欢狗，包括我妈妈在内。虽然刚开始时，我和妈妈因为养狗的事发生过矛盾，但是她已经慢慢地接受了这两只可爱的小狗。

Unit 2 第二单元

第六课
应用：请柬

一、看一看

例文（一）

请 柬

尊敬的李世杰先生：

　　9月9日（周六）是我和塔尼亚结婚的日子，届时我们将举行一个西式婚礼。

　　敬请光临！

时间：上午10:30

地点：沙面第一教堂

乔治　塔尼亚
2018年7月1日

第六课 应用：请柬
Lesson Six

例文（二）

请 柬

华为公司：

  兹订于 2018 年 12 月 30 日下午 6 时在花园酒店一楼花园厅举行新年宴会。

  敬请光临！

大发公司
2018 年 7 月 5 日

二、说一说

今天我们来学习应用文"请柬"的写法。阅读例文（一）和例文（二），回答下列问题。

1. 这两个例文的标题都叫"请柬"，请问请柬有什么用处？

2. 例文（一）和例文（二）的写法有什么不同？

3. 猜猜"届时"和"敬请光临"是什么意思。

三、写一写

1. 请在下面的空格中填上一个合适的词。

请 柬

黄美丽＿＿＿＿＿＿＿：

　　12月1日是我们＿＿＿＿＿＿＿＿＿＿＿，届时我们将举行一个＿＿＿＿＿＿＿＿＿。

　　敬请＿＿＿＿＿＿！

＿＿＿＿＿：下午6:30

＿＿＿＿＿：丽思卡尔顿酒店3楼宴会厅

丹尼
2018年7月20日

第六课　应用：请柬
Lesson Six

2. 请把下面的词语按顺序排列成一句话。

例：举行　兹订于　宴会　上午9时　在广州酒家
　　2018年6月5日

兹订于2018年6月5日上午9时在广州酒家举行宴会。

（1）2019年3月12日　兹订于　举办　在国际金融中心
　　　北京国际贸易讨论会　上午9时

　　　_____

（2）订于　6月30日下午六时　为庆祝我公司成立10周年
　　　在白云宾馆　举行酒会　一楼

　　　_____

（3）6月30日下午　举行　在学校礼堂　3点整
　　　毕业典礼　兹订于

　　　_____

（4）与　在天河体育中心　比赛　本周三下午两点半
　　　中国羽毛球队　进行　泰国羽毛球队

　　　_____

（5）兹订于　在北京国际博览中心　举办　本月20日
　　　国际游戏软件交易会

　　　_____

57

（6）圣诞派对　12月25日　是　我校　届时
　　　将　举行　圣诞节

_____

3. 下面是一封请柬，里面有一些问题，请按照要求进行修改。

原文：

请　柬

王明：

　　这个星期六我要结婚，我计划要举行一个特别的婚礼，请你到我家来。

　　我希望你能准时参加，这是我人生中最重要的一天。你来的话我会非常开心。

迈克
2017年6月8日

（1）请把原文修改成类似例文（一）的请柬。

（2）请把原文修改成类似例文（二）的请柬。

四、读一读

课后请读一读下面的请柬，想一想这个请柬与例文（二）有什么不同？为什么会有这种不同？

邀请信

三星公司：

　　兹订于2018年10月9日下午6时在白云国际会议中心举行宴会，请派代表参加。

　　此致

　　　　　　　　　　　　湖南省政府外事办公室

　　　　　　　　　　　　　　2018年9月28日

Unit 3 第三单元

第七课
记叙的线索

一、看一看

例文（一）

韩国 梁又仁

喝咖啡的时候，我常常说："我喝的是药。"这是因为我觉得咖啡本身是没有什么好味道的。咖啡豆原来不是苦的吗？而且报纸上、杂志上不少人说喝适量

第七课　记叙的线索
Lesson Seven

的咖啡对身体有好处。又苦又对身体有好处的东西，那不就是药吗？因此，不喜欢吃药的我不太喜欢喝咖啡也是自然的。

刚上大学的时候，我身边喜欢喝咖啡的人很多，所以我碰到了一些小小的困难。比如，到朋友家里做客时，朋友的母亲问我："你喜欢什么口味的咖啡？"对咖啡一点儿都不了解的我一下子不知道怎么回答，过了一会儿才说："随便。"朋友的母亲又问我："要加糖和奶粉吗？"我不太确定地说："是的，是的。"朋友看到我这样子，笑着帮我说："妈妈，这家伙有老头儿的口味。""老头儿的口味是什么呢"，我正在想这个问题，朋友的母亲却立刻明白了，也笑着说："那就是两勺奶粉两勺糖吧。"到底从什么时候开始，加两勺奶粉两勺糖就被称为"老头儿的口味"呀？

刚工作的时候，不喜欢喝咖啡的我，还没意识到当时一种新型的咖啡厅已经走进了我们的生活，它的名字叫"星巴克"。对时尚敏感的大学生、上班族都已经习惯了去星巴克喝咖啡，后来我也跟同事们一起去了。咖啡厅的服务员问我喝什么，是美式、拿铁还是摩卡……

我一听就张大嘴巴愣住了："你说的是什么？是外星球的语言吗？而且价格为什么这么高？"最后我点了最便宜的意式浓缩咖啡。当我点的时候，我不知道为什么服务员要再三地跟我确认我是不是要点意式浓缩咖啡。就这样，我喝了人生中唯一喝过的一杯浓缩咖啡。

总之，不管我喜欢不喜欢，我也慢慢习惯了喝咖啡。尤其是来中国以后，我学汉语的时候经常觉得困，所以几乎每天都喝咖啡。因此现在，我已经能够感受到咖啡不一样的味道了。原来咖啡除了苦味以外，还有一点点酸味，而且喝之前会先闻到浓浓的香味儿！

现在，我很喜欢喝咖啡，而且我也不怕吃苦的东西了。今天，我要特别感谢你——咖啡，因为有你我才写完了今天的作业。

第七课　记叙的线索
Lesson Seven

例文（二）

一句励志的话

俄罗斯　塔尼娅

我的妈妈是性格很坚强的人，所以从我很小的时候起，她就让我去完成各种任务、战胜各种困难，培养我坚强的性格。

小时候我参加过五花八门的校外兴趣班：音乐兴趣班、外语兴趣班、艺术体操兴趣班等等。上艺术体操课时，有些动作很难，我做不到，我哭着跑到妈妈身边说："妈妈，我没有成为第一名，我没有能力成为一名优秀的运动员。"妈妈常常回答说："宝贝，你很坚强，尽一切努力，你什么都能做到。"我只好乖乖地听从妈妈的话去参加训练。后来参加各种艺术体操比赛时，我常常得冠军。

高中毕业以后，我考上了俄罗斯高等经济学院，离开了我的家乡、父母和朋友。刚开始时，我的心里很烦恼，我很想念我的家乡，以至于有时候失眠。给妈妈打电话的时候，她经常说："亲爱的，你很坚强，别难过，你什么都能做到。"的确，几个星期之后，我习惯了新生活的节奏，心里逐渐平静下来了，学习成绩也上升了。

到了中国留学，我又面临着很多困难，比如水土不服、听不懂汉语、奖学金的金额不足以支付我的生活费等等，但是我知道妈妈一定也会说这样的话："女儿，你很坚强，你什么都能做到！"

其实，以前我认为这句话对我没什么帮助，因为说起来容易，做起来难。但是现在我才明白妈妈说这句话的意思，她是想让我坚强、自信、独立。所以我很感谢妈妈让我有了自信，相信自己"很坚强，什么都能做到"。

第七课　记叙的线索
Lesson Seven

二、说一说

今天我们学习记叙文的"线索"。当我们要在一篇记叙文中叙述几件事的时候，可以用一条线索把这几件事串到一起。这条线索可以是一样东西、一句话、一种活动，等等。

请大家回答下面的问题。

1. 例文（一）写了什么东西？

2. 例文（一）分别写了作者哪几个时期的哪几件事情？

3. 例文（一）没有题目，你能帮作者给这篇文章加上一个合适的题目吗？

4. 例文（二）分别描写了作者哪几个时期的几件事情？

5. 现在你能试着说说记叙文的线索是什么吗？

三、写一写

1. 阅读下列几个片段后,为其寻找一个共同的线索。

(1) 2013年,我从美国来到中国,开始在北京大学学习汉语。由于我的老师们觉得我的英文名字克里斯丁·莱尔德太长太难念,干脆给我取了个中国名字——刘克思。

(2) 上课的时候老师说,中国人喜欢在姓前面加一个"老"字,表示亲切,同学们立刻开始叫我"老刘"。

(3) 五月底,学校举行留学生汉语节目表演大赛,比赛时,我唱了一首中国歌手周杰伦的《千里之外》,没想到从第二天开始,"周杰伦"成了我的新名字。

(4) 我非常喜欢吃中国的饺子,尤其是学校旁边的一家叫"饺子王"的饺子馆,早上我经常到那里去打包一份早餐带到教室里品尝。有一天,有个新来的同学不知道我的名字,就指着我的早餐盒跟我打招呼:"饺子王,你好!"从那天开始,我又有了一个新名字。

线索是:_____

第七课　记叙的线索
Lesson Seven

2. 下面是三篇文章的线索，请你做一个简单的提纲，试试能不能列举出三件和这个线索相关的事情来。

(1) **坐出租车**

在你的国家坐出租车的时候，你曾经遇见过什么特别的事？
_____
_____

在中国坐出租车的时候，你遇见过什么特别的事？
_____
_____

谈一谈你印象中最难忘的一次坐出租车的经历。
_____
_____

(2) **明信片**

你收过什么特别的明信片？
_____
_____

你寄过什么特别的明信片？
_____
_____

你最喜欢的一张明信片里记录了什么故事?

_____

_____

(3) 早 餐

在你的国家,你是怎么吃早餐的?

_____

_____

你到了中国以后是怎么吃早餐的?

_____

_____

你理想中的早餐是什么样的?

_____

_____

3. 第二题的《坐出租车》《明信片》《早餐》,哪一个题目你最感兴趣?请把这个题目作为线索,按照上文拟的提纲写成一篇完整的记叙文。

建议字数:400字左右。

第七课　记叙的线索
Lesson Seven

第七课　记叙的线索
Lesson Seven

四、读一读

课后请读一读这篇文章,找出这篇文章的线索。

剪头发

韩国　沈远载

我不太喜欢剪头发,是因为我根本不想跟陌生人打交道。一般去理发店剪头发时,理发师常常问好多问题,非常喜欢跟客人说话。我真不喜欢这样的"聊天服务",所以在韩  国时我经常去男性专用的理发店。在那里剪头发的时间不长,也不用和发型师聊天,我只需要告诉他剪短还是留长就行,剪发后我自己洗发,价钱当然也便宜。所以我喜欢去男性专用的理发店剪头发。

但是到了中国后,我还没有发现男性专用的理

第七课　记叙的线索
Lesson Seven

发店，而且中国的发型师更爱和客人聊天，尤其他们听到我说话的时候，立刻就会发现我是外国人，他们就更爱跟我聊，不停地问我各种问题。不仅发型师这样，洗头发的助理也这样，而且洗头发和剪头发的时间比韩国更长。我真不喜欢这样。

　　关于剪头发的经历，让我最难过的一次是在英国时的剪发经历。在英国生活时，我也尽力地寻找男性专用的理发店，好不容易才找到。那里的老板说，他们用剪发器，而且不用我说要怎么剪等等。我觉得太好了！这就是我理想中的理发店啊。突然发型师问我："你要几号？请选择一个数字。"我以为是问我的幸运号码是多少，于是我说："3。"发型师拿出3号剪发器开始剪我的头发，非常简单，没用几分钟头发就剪好了。可是我的头发也几乎没有了。后来我才知道，数字表示的是头发长短的程度，1号是最短的，10号是最长的。但是由于那个理发店只用剪发器而不用剪刀，所以10号也不算长。那段时间是我这辈子头发最短的一段时间，所以我永远忘不了那段经历。

Unit 3 第三单元

第八课
记一件事情

一、看一看

中奖

印度尼西亚　黄宝平

　　上个星期五下午,我和同学们一起去医院看望生病住院的朋友,看完朋友已经到了傍晚了,所以我们决定坐公交车直接回学校。

第八课　记一件事情
Lesson Eight

　　我们去公交车站的时候，经过了一个卖"即开彩票"的摊子。"即开彩票"就是买了彩票后，刮开彩票的涂层，看到相应的数字或图案，就立刻知道有没有中奖。这时有一个朋友突发奇想，想买一张。一张彩票是十块钱，付了钱后售货员递给她一张彩票，她就用硬币开始刮涂层。这是我们第一次在中国买彩票。大家都很好奇，所以大家瞪大了眼睛一直盯着她刮那张彩票。但是她没有中奖，真遗憾！

　　另一个朋友也想试试，可是他也失败了，"哎呀！运气不好！"他笑着说。

　　我也想试试自己的运气，于是也买了一张彩票。刮彩票的时候，我突然感觉到压力，周围的空气好像都停止流动了，抬头一看，大家都盯着我的彩票呢。我赶紧接过朋友手中的硬币，也开始刮。刮了一半，什么都没有看到，我开始失望了，不由得闭上眼睛，吸了一口气，边祈祷边刮彩票。突然朋友们叫了起来："中了，中了！"我睁开眼睛一看，彩票上出现了一个号码！拿给售货员一看，我居然中了三十块钱！我太高兴了，一手捏着彩票，一手握着拳头，像足球运动员进了球一样，高兴得绕着公交站跑起来，朋友们一边整齐地鼓掌一边起哄：

"请客！请客！请客！"我骄傲地挥着彩票，说："没问题！"售货员在旁边都忍不住笑了。这个时候有个朋友拿出手机，让我拿着彩票和大家自拍，我请售货员也一起来，一起记录了这幸运的一刻。

后来呢？回去的路上我不得不请大家吃冰淇淋，结果花了五十块钱。大家一边恭喜我中奖，一边毫不客气地吃完了冰淇淋。嗯，我想这应该是我第一次也是最后一次和这些"好"朋友一起去买彩票了。

二、说一说

今天我们学习记叙文的写法，请大家回答下面的问题。

1. 这篇文章写了一件什么事？

2. 这件事的时间、地点、人物、起因、经过、结果分别是什么？

3. 这件事是用第几人称来写的？

4. 这件事哪个部分写得比较详细？哪个部分写得比较简单？

第八课　记一件事情
Lesson Eight

5. 这件事是用顺叙、倒叙还是插叙来叙述的？

6. 这件事有没有线索？

三、写一写

1. 按要求回答问题。

（1）你遇到过什么幸运（或倒霉）的事吗？

_____

_____

_____

（2）这件事发生在什么时候？

_____

_____

_____

（3）这件事发生在哪里？

_____

_____

_____

（4）这件事的起因是什么？

_____

_____

_____

（5）这件事的结果怎么样？

_____

_____

_____

2. 这件事的其他部分可以略写，但过程部分需要详写，请按照时间顺序，用顺叙的方法描述这件事的主要过程。

首先，_____

_____。

接着，_____

_____。

然后，_____

_____。

最后，_____

_____。

第八课 记一件事情
Lesson Eight

3. 请以练习1、2作为基础，当堂完成作文《一件幸运/倒霉的事》。

建议字数：400字左右。

第八课　记一件事情
Lesson Eight

四、读一读

课后请读一读这篇文章，为这篇文章补充题目。

————————

昨天，我们班有位叫王小富的同学在班级微信群里说："学习很无聊。我觉得很没意思。"我们的写作老师李老师跟他开玩笑说："我懂，如果有了女朋友，跟你一起学汉语的话你就不无聊了。"结果大家都说："对！王小富想找女朋友。"这时，我和其

第八课　记一件事情
Lesson Eight

他几位男生也立刻跟着留言："报告老师，我们也没有女朋友……"于是大家纷纷要求李老师给我们介绍女朋友。李老师没有办法，只好说："好吧，我有一个办法，可以帮助你们找到女朋友，但是不能告诉别的班的男生。"我们都激动起来，纷纷表示一定不会告诉！

接着，李老师回了我们这样一条信息："后天，我们学院有泼水节。想找女朋友的男生带好大毛巾，一定要新的、厚的毛巾，然后你们注意观察哪一位女生是你喜欢的。当她被水泼到时，你就把大毛巾拿过去包住她，然后说：'不用谢！'接着立刻走开，不要回头。她感激的目光一定追随着你。当然，毛巾上要先缝上你的名字和电话号码。"哇，我们全都激动起来了，这可真是个好主意！李老师又留了下一条信息："如果她也喜欢你的话，她会打电话给你还毛巾的，接下来的事情就靠你们自己了。别告诉别的班，不然泼水节就会变成毛巾节了！祝你们成功！"

据可靠消息,昨天晚上学校附近超市的大毛巾都让我们班的男生买走了,还有其他很多条大毛巾通过淘宝的快递运往我们男生宿舍的途中。想到明天泼水节的盛况,我不能再写下去了,我要先去看看我的毛巾到了没有。

Unit 3 第三单元

第九课 应用：祝贺

一、看一看

例文（一）

李老师：

　　值此中秋佳节之际，祝您节日快乐，万事如意！

学生　依瑞娜
2017 年 9 月 13 日

例文（二）

贺 信

有米公司：

　　值此贵公司开业之际，谨向总经理及全体员工表示热烈的祝贺。

　　预祝贵公司在未来的发展中取得更大的成绩！

　　　　　　　　　　　　　　　　肯辛顿公司 毛诚之

　　　　　　　　　　　　　　　　2017年10月5日

二、说一说

阅读例文（一）和（二），回答下列问题。

1. 例文（一）是在什么时候写的贺信？

2. 例文（二）是在什么时候写的贺信？

3. 猜猜"值此……之际"的意思。

第九课　应用：祝贺
Lesson Nine

4. 例文（一）是写给什么人的？

5. 例文（二）是写给什么人的？

6. 例文（一）和例文（二）在格式上有什么不同？为什么？

三、写一写

1. 下面是一些表示祝贺的短语，请选择它们使用的场合。

祝你学习进步！　　祝你圣诞快乐！　　祝你一路平安！
祝你们白头到老！　祝您健康长寿！　　祝您旅途愉快！
恭喜发财！　　　　恭祝开业大吉！

（1）圣诞节来了，你对朋友说：＿＿＿＿＿＿＿＿＿＿＿＿
（2）新年来了，你对朋友说：＿＿＿＿＿＿＿＿＿＿＿＿＿
（3）朋友的公司开业了，你对他说：＿＿＿＿＿＿＿＿＿＿
（4）朋友结婚了，你对他们说：＿＿＿＿＿＿＿＿＿＿＿＿
（5）爷爷七十岁生日，你对他说：＿＿＿＿＿＿＿＿＿＿＿
（6）你的妹妹在读大学，你对她说：＿＿＿＿＿＿＿＿＿＿
（7）你的朋友要去旅行，你对她说：＿＿＿＿＿＿＿＿＿＿
（8）你的同学要坐飞机回国，你对他说：＿＿＿＿＿＿＿＿

2. 仿照例句，改写下面的句子。

> **例：** 你们毕业了，我向你们表示祝贺！
> → 祝贺你们毕业！

（1）得知您成为贵公司总经理，我向您表示祝贺。

_____。

（2）得知贵店开业，我们向贵店表示祝贺。

_____。

（3）得知你们结婚，我向你们表示祝贺。

_____。

（4）欣闻贵公司新开了自己的广告公司，我代表桥新公司向贵公司表示祝贺。

_____

_____。

3. 新年快来了，你需要写一些新年贺卡，请按要求当堂完成。

（1）贺卡是写给你的好朋友林小美的，她刚刚和男朋友王小明结婚。

第九课　应用：祝贺
Lesson Nine

（2）贺卡是写给你们公司的合作对象悦宜公司的，他们公司新成立了广州分公司。

四、读一读

课后请读一读这封贺信，说说这封贺信是在什么情况下发出的。

贺 信

郑意新先生：

　　欣闻您就任贵公司总经理，我代表公司向您表示衷心的祝贺。在您担任半岛公司出口部经理期间，我们之间的贸易得到了很大的发展。愿您今后继续为半岛公司和逸景公司的贸易发展做出更大的贡献。

　　敬祝
万事如意！

逸景公司总经理 李樱桥

2018年6月1日

Unit 4 第四单元

第十课
编一个故事

一、看一看

神奇的行李箱

加拿大　亚历山大·怀特

两年前，我报名参加了东南亚一个大学组织的"国际大学生夏令营"项目，有100多位来自不同国家的大学生参加。项目最后的实践部分是通过抽签进行分组，每两个国家的同学一组，到东南亚不同的地方去生活十天。

我和一名来自中国的大学生——高小勇分到了一组，我们抽签抽到的目的地是一个还没有通电的小岛。在出发之前，我们每人可以选择10公斤的东西装满自己的行李箱，以解决这十天的生活需要，但不可以带电器。

我带了打火机、指南针、衣服、书和饼干、薯片、饮料等等，我自认为自己带的东西很全、很好。然而到达小岛的营地后,高小勇带的东西让我十分意外,他的行李里有一个壶!他微笑地告诉我:"我习惯吃热的东西,这个壶用来煮热水。"这个岛这么热,我还在想没有加冰块的水怎么喝得下去,他还要喝热水?

到达小岛的第三天,我从远处提水回营地,不小心拉伤了手臂,痛得我满头大汗。小勇刚好砍柴回来,看到我的样子便从他的行李箱里"变"出来一瓶棕色的液体,帮我涂到手臂上。第二天,我的手臂居然好了。我问他:"高,那是什么东西?"他微笑着说:"是中医的药酒,我们摔伤扭伤的时候,就用药酒涂一下,很快就会好了。"

东南亚雨季的天气变幻莫测,虽然我的身体一向很好,但有一次淋了大雨之后,我还是感觉头晕、发冷,一个劲儿地打喷嚏。小勇从行李箱里不知道摸出了什么东西,放进他带来的水壶里煮,接着我闻到一股辣辣的味道,我问他:"这是什么?"他说:"生姜和红糖,加水煮了之后变成姜茶,可以预防感冒。"我二话不说,就把这个姜茶喝光了。嗯,甜甜的、辣辣的,非常美味。不知道是我的心理原因,还是姜茶真的有效果,总之我后来居然没得感冒。

第十课　编一个故事
Lesson Ten

最后一天，主办方的船来接我们了。小勇从行李箱里拿出来两盒方便面，用水壶煮满了热水把面泡好了。他说："这是中国人出门旅行一定会带的方便面，我怕我们会遇到没东西吃的时候，所以一直没舍得吃这个面。现在我们把它们吃了吧！"比起我的饼干，这盒面的味道真的是好太多太多了，直到现在我都记得它的名字——老坛酸菜牛肉面。这也是我现在为什么来中国学汉语的原因。我和小勇成了非常好的朋友，我也想了解更多像小勇那样拥有"神奇行李箱"的中国人。

二、说一说

请根据例文,回答下面的问题。

1. 上面这篇文章,写了一件什么事?

2. 你听说过这样的活动吗?

3. 你们认为作者写的是一件真事还是自己编的故事?

4. 请你想一想,怎么把一个故事编得像真的一样?

编故事的方法:
1. 注意观察生活中真实的人和事。
2. 发挥想象。
3. 给予故事发生的六要素。

三、写一写

1. 下面我们一起来讨论一下,下面这两个故事应该如何续写,请发挥想象并回答问题。

(1) 现实故事:王明和丽丽结婚六年了,孩子也都三岁了,

第十课 编一个故事
Lesson Ten

两个人的工作都很忙，于是交流的时间少了，他们似乎丧失了对彼此的热情，甚至连对方在想什么也不知道。有一天，丽丽上班去了，王明在收拾房间时，发现妻子平时总是锁着的抽屉忘记锁了。好奇心促使他拉开了抽屉……

① 你觉得抽屉里放着什么东西？

② 为什么丽丽平时总要锁着这个抽屉？

③ 王明看到这个东西后心里怎么想的？

④ 后来王明和丽丽的关系变得怎么样？（是更不好还是更好？）

（2）科幻故事：地球受到了外星人的攻击，一个星期后可能灭亡。你只有一个星期的时间，在这一个星期中你做了什么事情？

① 你去了什么地方？

_____
_____
_____

② 你见了谁？

_____
_____
_____

③ 你完成了什么心愿？

_____
_____
_____

④ 在地球可能灭亡的最后一刻，你的心情是什么样的？

_____
_____
_____

第十课　编一个故事
Lesson Ten

2. 当堂作文。

请你从第 1 题中的现实故事或科幻故事中选择一个,作为当堂作文的主题,编一个生动有趣的故事。

建议字数:400 字左右。

第十课 编一个故事
Lesson Ten

四、读一读

下面是两位学生编的故事,课后请你看看,并谈一谈这两个故事编得好不好。

后 悔

印度尼西亚 张秀蓉

王明和丽丽结婚六年了,孩子也都三岁了,两个人的工作都很忙,于是他们之间交流的时间变少了,他们似乎丧失了对彼此的热情,甚至连对方在想什么也不知道。有一天,丽丽上班去了,王明在收拾房间时,发现妻子平时总是锁着的抽屉忘记锁了。好奇心促使他拉开了抽屉。

他看到抽屉里躺着一个信封,他打开一看,是身体检查报告。王明觉得很意外,因为妻子平时如果要去医院检查肯定会让他陪,这一次检查为什么没有让他陪呢?他开始仔细阅读那个报告,看完了以后,王明大吃一惊。他不相信自己的眼睛,于是他从头到尾又阅读了一遍。读着读着,他泪流满面,

第十课 编一个故事
Lesson Ten

报告从他颤抖的手上掉了下来。他这才知道妻子得了癌症!

他赶紧去丽丽的公司找她,他着急地问丽丽为什么瞒着他这件事,丽丽不说话。他们沉默了好一阵。终于,丽丽说因为他们的关系现在不太好,她不想说,另外,她也不想让王明担心,所以她没有告诉他。她的病已经到了晚期,这时候已经很难治疗了。

从那以后,王明常常陪着丽丽去医院,但这个时候再高明的医术也没有用了。医生说丽丽最多能活六个月。

王明又伤心又痛苦。他很后悔这一年来给丽丽的爱太少了。

他开始每天陪在丽丽身边照顾她,让她开心。他们的关系更好了,比结婚以前还好。

两年十个月过去了,丽丽去世了。医生当时说她只能再活六个月,但是她活了两年多。也许这就是爱带给她活下去的勇气!现在,王明觉得自己应该给丽丽更多的爱,可惜,她已不在了。

地球的最后一个星期

日本　山胁绿

今天是1月2号，很可惜，明天我们的地球就会灭亡，所以这是我最后写的一篇文章。

地球受到攻击的时候，幸亏我和家人都在日本。每年阳历1月1日是日本的新年，这一天我老公一般都是一个人待在广州上班，今年他终于得到假期回到日本休假。

我、老公、儿子和我父母一起讨论这一个星期怎么过好。去旅游的话，因为交通已经全部瘫痪，所以我们哪儿都去不了。最后，我们决定过最平常的日子，好像没有受到外星人攻击一样。

12月30日，我去姥姥家接她回来准备一起过新年。31日，我们准备过年的菜和面条。"吃面条的寓意是长寿，但是除了姥姥以外，我们所有人都不会长寿了。"我们互相开玩笑。我没想到在这样的危机下，我们也会感到开心和幸福。

第十课　编一个故事
Lesson Ten

　　1月1日,我们吃新年的第一顿早餐的时候,通常会告诉家人自己的新年目标。但今年不同,我们不会再有新目标了。真可惜,但没办法,对我们来说,已经没有后天了。

　　我不知道明天会发生什么事情,不过我的心情很平静。因为,生命的最后的一个星期我能跟家人在一起,我已经很满足了。

第十一课
开头与结尾

 一、看一看

（一）常见的文章开头的方式

1. 开门见山式的开头

我喜欢学汉语

我从小就喜欢学外语，其中汉语是我最喜欢，也是最感兴趣的外语。

…………

2. 用疑问句提问的开头

我喜欢学汉语

有的人喜欢美食，有的人喜欢旅游，你知道我的爱好是什么吗？

我的爱好呀，就是学汉语。

…………

3. 引用名人名言、俗语谚语的开头

我喜欢学汉语

爱因斯坦说过:"我认为对于一切情况,只有'兴趣'才是最好的老师。"这句话说得好极了,我的汉语学得好,就是因为我对汉语非常感兴趣,我非常喜欢学汉语。

…………

(二)常见的文章结尾的方式

1. 自然的结尾

记一次运动会

…………

到下午四点的时候,我们的运动会结束了。于是,我就坐车回家了。

2. 点明主题的结尾

记一次运动会

…………

今天我们玩儿得非常开心,这真是一次有趣的运动会!

3. 加深主题的结尾

记一次运动会

…………

欢乐的时光总是过得特别快，又到说"再见"的时候了。这一次运动会不仅好玩儿、有趣，还让我们学到了不少体育知识。运动会结束的时候我们都依依不舍，真期待多一些这样的课外活动！

二、说一说

学完叙事记叙文后，今天我们来学习一下记叙文开头和结尾的写法。

（一）文章开头的写法

文章的开头有很多种写法。最常用的是"开门见山式"的开头。即文章一开头就告诉我们，这篇文章要记叙什么事或描写什么人，比如第一篇《我喜欢学汉语》就是用这种方法来写开头的。

有时，我们也可以用"疑问句提问"的方式来开头，比如第二篇《我喜欢学汉语》的开头就用了两个疑问句来提问，以引起我们寻找答案的兴趣。

同样的，我们也可以用"引用名人名言、俗语谚语"来开头，比如第三篇《我喜欢学汉语》就引用了爱因斯坦的话，以引起我们对"'兴趣'是最好的老师"的思考。

（二）文章结尾的写法

文章的结尾也有很多种写法，我们主要学习自然结尾、点明主题、加深主题这三种结尾的方式。

自然结尾是指事情说完了，文章也就自然而然地结束了。比如第一篇《记一次运动会》的结尾就是这样写的。

点明主题的结尾是指在文章的最后强调、说明这篇文章的主题。比如第二篇《记一次运动会》的结尾就点明了这次运动会的活动是"有趣"的。

加深主题的结尾是指，在文章的最后说明主题之后，还进一步表达感情，比如第三篇《记一次运动会》的结尾，不仅点明了这一次活动好玩儿、有趣，学到了很多体育知识，还表达了对"多一些这样的课外活动"的期待。

请回答下面的问题。

1. 第一篇《我喜欢学汉语》的开头直接告诉我们什么？

2. 第二篇《我喜欢学汉语》的开头先说什么，再说什么？

3. 第三篇《我喜欢学汉语》的开头先说什么，再说什么？

4.《记一次运动会》三种结尾的写法,你最喜欢哪一种?

三、写一写

1. 请写出下面几篇文章采用了什么开头方式。

（1）　　　　　　　奖学金

　　昨天上课的时候,老师说我们班有一位同学获得了国家留学生奖学金。他是谁呢?是不是我呀?
　　……

_____

（2）　　　　　　爱运动的爷爷

　　"饭后百步走,活到九十九",这是我爷爷经常说的一句话。他是个重视健康、热爱运动的老人家,说起他喜欢的运动,那还真不少!
　　……

_____

（3）　　　　　　　北　京

　　北京,是中国的首都,也是中国的政治文化中心。
　　……

_____

第十一课　开头与结尾
Lesson Eleven

2. 请写出下面几篇文章采用了什么结尾方式。

（1）　　　　　第一次喝咖啡

……

咖啡的味道有点儿苦、有点儿香，我永远都忘不了咖啡给我留下的第一印象。

_____

（2）　　　　　　邮　件

……

这时，窗外飘来了《月亮代表我的心》的旋律，我情不自禁地跟着唱起来："你问老师爱我们有多深，邮件代表他们的心……"

_____

（3）　　　　　　做　饭

……

自己做的饭吃起来真香，我吃得肚子都圆了。

_____

3. 下面是三篇文章的开头和结尾，请找出哪一个开头和结尾是同一篇文章的，并说说为什么。

开头：

A：助人是快乐之本，助人为乐是一种美德。

B：雨果说："比陆地宽广的是海洋，比海洋宽广的是天空，比天空宽广的是人的胸怀。"

C：谦虚就是有自知之明，是一种有修养的表现。一个人只有谦虚，才会让别人尊重。

结尾：

a：我愿意继续去帮助那些需要帮助的人，让我们的生活充满七彩的阳光。

b：让我们养成谦虚的美德，做一个高尚的人吧。

c：心就是一个人的翅膀，心胸有多大世界就有多大！

（1）A 与（　　）是同一篇文章的。

（2）B 与（　　）是同一篇文章的。

（3）C 与（　　）是同一篇文章的。

4. 请为《童年"傻"事》这篇文章写一个开头和结尾，注意前后呼应。

童年"傻"事

第十一课　开头与结尾
Lesson Eleven

　　读幼儿园的时候，我还是一个圆滚滚的小胖子。那时我的哥哥已经上小学5年级了，因为长得高，还被选为学校篮球队的队员。我每天看着哥哥在院子里练习投篮的样子，非常羡慕，我也想快快长高，可以像哥哥一样，一跳就跳到半空中去。

　　我问妈妈，怎么样才能快快长高。妈妈说，要多晒太阳、多吃鱼、还要多运动。

　　于是我天天晒太阳、吃鱼、运动。

可是，我还是没怎么长高。

有一天，妈妈给了我一个水壶，让我帮她给家里的花儿浇水，还说："用水壶给花儿浇水，花儿就能快快长高了。"

我好像发现了一个秘密：用水壶浇花儿，花儿可以长高；用水壶浇人，人会不会长高呢？想到这里，我心里美滋滋的。于是我把水壶装满水，一个劲地往身上浇水，弄得全身湿湿的，心里面特别得意：这下我可要长高了！

浇完水，我跑到妈妈面前，得意扬扬地问："妈妈，我长高了吗？"妈妈惊讶地说："我不是让你浇花儿吗？你怎么把自己都淋湿了呀？"我说："你说浇花儿花儿会长高，那我先浇浇自己，让自己先长高一点儿呀！"妈妈忍不住笑了出来，一边笑一边到处找毛巾。终于找到了毛巾，她把我包起来，边帮我擦干头发脸蛋，边笑着说："你这个傻孩子，花儿浇水会长高，是花儿没有嘴巴，要用地下的根来喝水啊。你有嘴巴，怎么还要浇水啊！"我一边打着喷嚏，一边哭丧着脸说："我真的没长高吗？"

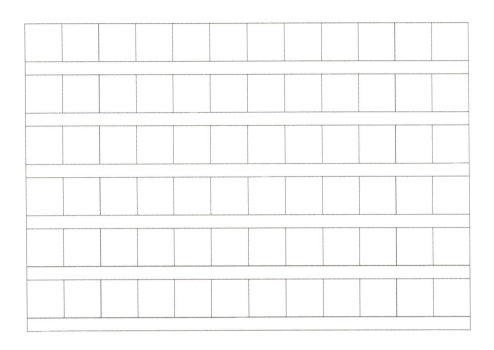

四、读一读

课后请读一读下面这几篇文章的开头,感受一下这些开头的写法有什么好处,想一想后面的正文可以怎么展开。

人　生

有的人喜欢把人生比作一条路,有的人喜欢把人生比作一杯酒,有的人喜欢把人生比作一团麻。

我却喜欢把人生比作一朵花儿。

....

圣者与小偷

在一个教堂里，一位圣人开始了他的演讲："我之所以成为圣人，是因为我看破了钱财，我的就是大家的。"在一所监狱里，一个小偷开始写他的日记："我之所以会成为小偷，是因为我看破了钱财，大家的就是我的。"

....

电　话

"铃铃铃铃铃铃……"

半夜三点，王医生家里的电话突然响了起来。

....

Unit 4
第四单元

第十二课
应用：启事

一、看一看

例文（一）

寻物启事

本人不慎于12月15日下午丢失红色背包一个，内有汉语书三本，笔记本一本，圆珠笔一支，人民币若干。拾到者，请与本人联系（手机号码：13919822013）。当面重谢。

叶莫

2017年10月5日

例文(二)

招领启事

本人拾到护照一本,内夹有机票一张。望失主速来认领。联系电话:13919761982。

林圆心

2018年1月20日

二、说一说

今天我们来学习应用文中"启事"的写法,请阅读例文(一)和例文(二),回答下列问题。

1. 寻物启事是做什么用的?

2. 招领启事是做什么用的?

3. 汉语一般说"三本汉语书""一张机票",为什么在启事里要写成"汉语书三本""机票一张"呢?

4. "当面重谢"的意思是什么?

第十二课　应用：启事
Lesson Twelve

5. 请问寻物启事和招领启事哪一个需要详细描写失物的样子？

三、写一写

1. 请按照正确的顺序给这则启事重新排序。

（1）失主：黄美丽　　　　　　　　　　　　（　　）

（2）拾到者请与留学生楼 603 联系　　　　　（　　）

（3）电话号码：13502023782　　　　　　　　（　　）

（4）因本人不慎　　　　　　　　　　　　　（　　）

（5）非常感谢　　　　　　　　　　　　　　（　　）

（6）昨日下午在篮球场丢失黑色运动帽一顶　（　　）

（7）2018 年 11 月 3 日　　　　　　　　　　（　　）

2. 下面这些词和短语比较口语化，请把它们改成书面语。

例：不小心 → 不慎

（1）一些 → _____

（2）当面谢谢你 → _____

（3）捡到的人 → _____

（4）丢东西的人 → _____

（5）丢 → _____

（6）看看是不是你的 → _____

117

3. 下面是一个留学生写的寻物启事，你能帮他找出错误的地方并帮他修改吗？

我很难过

昨天我丢了手表。手表太漂亮，是黑色的，外国制造的很有名的牌子，但已经比较旧了。昨天在体育馆运动时我把它取下来了，但不记得放在哪里了。今天我想起来了，可是回体育馆时我就不能看到我的手表了。如果有人看到我的手表，请立刻还给我。谢谢你。我住在第三宿舍楼511房。

阿布

1 日 12 月 2017 年

第十二课　应用：启事
Lesson Twelve

四、读一读

读一读下面的寻物启事，对比例文（一），说说写法上有什么不同。

寻物启事

　　本人不慎于10月2日下午丢失一个红色NIKE牌背包。哪位同学拾到，请通知本人去认领，联系电话：13500052008。不胜感谢！

艾莉
2017年10月3日

第五单元 Unit 5

第十三课 描写中的修辞(一)

一、看一看

(一)比喻

1A. 她跑过来了,她的脸很红,红得像熟透了的苹果一样,上面还挂着晶莹的汗珠。她的眼珠儿很黑,像两块黑色的玛瑙石一样闪闪发亮,皮肤也有点儿黑,是巧克力的颜色。

2A. 雪是一张白色的大被子,盖在无边的大地上。

(二)比拟

3A. 人们坐在船上航行的时候,大海日夜不眠唱着歌儿。

4A. 他跟在老板的身后摇着尾巴。

二、说一说

1a. 她跑过来了，她的脸很红。她的眼珠儿是黑色的，皮肤也有点儿黑。

2a. 雪很白、很大，到处都是。

3a. 人们坐在船上航行的时候，海浪一直发出"哗哗哗"的声音。

4a. 他跟在老板的身后讨好他。

请对比以上例句，回答下面的问题。

1. 1A 和 1a 都是描写一个人的外貌，这两个句子哪一个让你更理解这个人的外貌特点？

2. 1A 和 1a 相比，哪个句子好？好在哪里？

3. 2A 和 2a 都是描写雪很大、颜色很白，这两个句子哪一个更形象？

4. 2A 和 2a 相比，哪个句子好？好在哪里？

5. 3A 和 3a 都是描写海浪的声音，这两个句子哪一个让你感觉到大海是有生命的，有感情的？

第十三课　描写中的修辞（一）
Lesson Thirteen

6. 3A 和 3a 相比，哪个句子好？好在哪里？

7. 4A 和 4a 都是描写一个职员的句子，这两个句子哪一个让你感觉到作者对他的厌恶之情？

8. 4A 和 4a 相比，哪个句子好？好在哪里？

这些问题的答案就是我们今天要学习的修辞方法：比喻和比拟。其中 1A 和 2A 都用了修辞手法"比喻"，3A 和 4A 都用了修辞手法"比拟"。

"比喻"即"打比方"，就是根据事物之间的相似点，把某事物比作另一事物。

比喻的句式通常为：A 像 B（一样）……
A 是 B……

（1）B 应该是大家比较熟悉的东西。
她的身形娇小，就像一只可爱的太阳鸟一样。（×）
这样的句子不是好的比喻，因为很少人知道太阳鸟的样子。
（2）B 在某个方面和 A 相似。
松树的样子像是一把绿色的大伞。

比拟：把物比作人，或者把人比作物，这种写法叫作"比拟"。

（1）把物比作人。如：

冬天的风，一阵阵，闹哄哄地跑过街头。

（2）把人比作物。如：

我们不再飞，就在这里生根发芽。

三、写一写

1. 模仿例子，运用比喻的修辞方法补充下面的句子。

例：医生是<u>上天派来人间的天使</u>。

（1）月亮像 _____

（2）松树像 _____

（3）她的眼睛像 _____

（4）熊猫像 _____

（5）冬天是 _____

（6）爱情是 _____

2. 下面这些句子都运用了比拟的修辞方法，请你试一试理解这些句子的意思，并把它写出来。

例：凌晨的山上，太阳终于羞答答地露出半个脸来。

<u>凌晨的山上，太阳终于出来了。</u>

（1）宁静的夜晚，只有那天上的星星在窃窃私语。

_____

第十三课　描写中的修辞（一）
Lesson Thirteen

（2）花儿在风中笑弯了腰。

_____

（3）一排排柳树倒映在水中，欣赏着自己的容貌。

_____

（4）敌人夹着尾巴逃跑了。

_____

（5）海浪欢快地、激动地向我扑来，给了我一个大大的冰凉的拥抱。

_____

3. 当堂作文。

有一天夜里，你在床上突然醒了过来，听到你的房间里有人在说话，原来是闹钟、衣服、鞋子、化妆品、衣柜、桌子正在开会，开会的内容是讨论你！请你用比喻的方法描述这些物品的动作、表情，写成一篇故事。

建议字数：450字左右。

汉语基础写作 上
HANYU JICHU XIEZUO (SHANG)

第十三课　描写中的修辞（一）
Lesson Thirteen

汉语基础写作 上
HANYU JICHU XIEZUO (SHANG)

第十三课　描写中的修辞（一）
Lesson Thirteen

四、读一读

课后读一读这篇文章，找出其中用到比喻和比拟的地方。

相亲之前

印度尼西亚　吴元元

生活在一个繁忙的城市真不容易。从大学毕业以后，她就在一家国际公司工作。她一向都非常优秀，不到三十岁就事业有成了。她还在千岛之国的首都买下了一栋大房子，把乡下的家人接来大城市享福。

她父母对自己的女儿感到非常骄傲，但是考虑到她的年龄，母亲开始担心自己的女儿因为热衷于工作而错过应该结婚的年龄，决定帮助女儿找对象。于是她与住在附近的、家里有儿子的朋友商量好，决定让各自的孩子们认识一下。

那天刚好是周日，她本来想利用周末补补觉。结果，前一天晚上，妈妈跟她说话时被闹钟听到了，它就滴答滴答地把这个消息传到了卧室里的每一个角落。闹钟说："小伙伴们，起床啦！"枕头扭动自己白胖的身体说："怎么啦，今天不是周日吗？"衣柜"啪"的一声张开自己的两扇大嘴巴，不高兴地说："对啊，你让我们歇一会儿嘛，工作日，她每天一大早就把我搞得乱七八糟的，今天也让我睡个懒觉吧。"闹钟赶紧又丁零零地发出响声，说："哎呀，你们这些懒虫，知道今天她要去见谁吗？"化妆品纷纷打开自己的盖子，好奇地问："谁啊？""就是隔壁的大帅哥啊，昨天我听主人的妈妈说真希望她能对这次相亲上心。我想我们一定要好好合作！牙刷、肥皂，你们要让她香得像花儿一样！衣柜，请你挑选出最漂亮的衣服给她穿，要让她显得高贵优雅！化妆品，你们来给她化妆，要化得比平常更好看，但又像没化过妆那么自然！"大家终于都清醒过来了，大声回答："好的！听你的！"

　　那天她比平时更漂亮，乖乖地按照母亲的意思去见那个男生，并不知道她起床之前发生了什么事情。

Unit 5 第五单元

第十四课
描写中的修辞（二）

一、看一看

（一）对比

1A. 他知道他家里的哪本书在哪里，我不知道我家里的哪本书在哪里。

2A. 现在从中国去美国很快，以前从中国去美国很慢。

（二）衬托

1B. 我随便提了几本书，他想了一下，就从近10个书架中把它们找了出来，速度真快！我家的书比他家少多了，但有时为了找一本书，我常常找得满头是汗。

2B. 现在去美国，从中国坐飞机十几个小时就到了。1930年从中国到美国，只能乘船，我们的船在海上整整走了二十多天，还没看到美国的影子。

二、说一说

根据"看一看"中的句子，回答下面的问题。

1. 1A 和 1B 的基本意思是一样的，但读起来有什么不一样？

2. 2A 和 2B 的基本意思是一样的，但读起来有什么不一样？

这些问题的答案就是我们今天要学习的另外两种修辞方法：对比和衬托。其中 1A 和 2A 都用了修辞手法"对比"，1B 和 2B 都用了修辞手法"衬托"。

> 对比：就是把两种事物的各个方面进行比较的方法。比较的双方是平等的，不突出某一方更好或更坏。

> 衬托：为了突出其一事物而使用的一种修辞手法。对次要描写对象进行描写来突出主要描写对象的某个特点。

衬托还可以分为"反衬"和"正衬"。

在 1B 中，通过"我找书很慢"来突出"他找书很快"，这种方法叫作"反衬"。如：

以前我以为自己学习很努力，但是看了小王的作业以后，我才知道小王比我更努力。

这个句子通过我的"努力"来突出小王"更努力"，这种方法叫作"正衬"。

第十四课　描写中的修辞（二）
Lesson Fourteen

三、写一写

1. 模仿例子，运用对比的修辞方法补充下面的句子。

例：北京的冬天冷，<u>广州的冬天比较暖和</u>。

（1）中国人喜欢喝茶，＿＿＿＿＿＿＿＿＿＿＿＿＿＿＿＿

（2）有人喜欢在大自然中锻炼，＿＿＿＿＿＿＿＿＿＿＿＿

（3）中国北方人喜欢吃馒头，＿＿＿＿＿＿＿＿＿＿＿＿＿

（4）我们班住学校宿舍的人多，＿＿＿＿＿＿＿＿＿＿＿＿

（5）青菜的热量低，＿＿＿＿＿＿＿＿＿＿＿＿＿＿＿＿＿

2. 下面哪些句子运用了正衬，哪些运用了反衬。

（1）电影是一门融合了文学、音乐、戏剧、舞蹈、美术、摄影等艺术特点的综合艺术。　　　正衬　反衬

（2）去了这个小山村以后，再回到大城市来，就觉得自己呼吸的不是空气，而是废气。　　　正衬　反衬

（3）桃花潭水深千尺，不及汪伦送我情（桃花潭的水很深，但也比不上汪伦对我的情谊深啊）。　正衬　反衬

（4）牡丹、荷花当然都很美，可是和在冬天开放的梅花比起来，这两种花儿都要娇弱得多。　正衬　反衬

（5）他穿着一件雪白的新衬衣，显得脸色更加苍白。
　　　　　　　　　　　　　　　　　　　　正衬　反衬

3. 当堂作业。

请以《习俗不同》为题,与一位不同国家的同学组成一组,从三个方面比较你们两个国家习俗的不同。写作的时候注意使用对比或衬托的修辞方法。

建议字数:450字左右。

第十四课　描写中的修辞（二）
Lesson Fourteen

第十四课　描写中的修辞（二）
Lesson Fourteen

四、读一读

课后读一读这篇文章，找出其中用到对比和衬托的地方。

秘鲁和越南

秘鲁　李裕玲

在中国我交到了一些越南的朋友，认识他们之后，才了解到他们的文化。真没想到，秘鲁人和越南人的生活习惯完全不一样。

在"喝"这一方面，一般来说，秘鲁人喜欢喝咖啡，而不喜欢喝茶。如果喝茶，就一定要加糖。在秘鲁，我们没有奶茶，吃饭的时候我们一般会喝果汁。另外，很多人习惯睡觉前喝一杯牛奶。而越南人不但喜欢喝咖啡，而且喜欢喝茶。他们有奶茶，吃饭的时候经常喝汤或水。

在秘鲁，吃饭的时候，我们习惯用叉子和刀子；而越南人喜欢用叉子。吃饭的时间也不一样。在秘鲁，一般是早上7点到8点吃早餐，下午1点吃午餐，晚上8点吃晚餐。而在越南，一般是早上6至7点吃早餐，中午12点吃午餐，下午6点吃晚餐。我发现，在这个方面越南跟中国差不多，因为我在广州已经习惯了这里的生活，我认为吃饭要越早越好。

秘鲁的教育分为三个部分：小学6年，中学5年，大学5年。而越南分为四部分：小学5年，初中4年，高中3年和大学4年。虽然这两个国家具体年限安排不同，但是学习的时间总共都是16年。在秘鲁，早上8点到下午3点30上课；而越南的学校一般是从早上7点到11点15分上课。说实话，我觉得秘鲁上课的时间安排得比较好，因为一来越南上课的时间太早了，二来他们上课的总体时间偏少。对我来说，教育很重要，尤其是学校的教育，所以我觉得一天只学4个小时是不够的。

通过对秘鲁和越南进行比较，我发现我们的习惯有很多不同的地方。我觉得这些差别很正常。因为秘鲁和越南位于不同的大洲，有着不同的天气和地理，所以习俗和文化也就不一样。

Unit 5 第五单元

第十五课
应用：书信

一、看一看

亲爱的陈老师：

您好！好久没有给您写信了。您和家人都好吗？

我来广州已经三个多月了。刚来广州的时候，我一点儿都不习惯，这里的天气、饮食和韩国都不一样，也和北京不一样。不过现在我渐渐喜欢上这里了。广州既古老又现代，有一种特别的魅力。周末的时候我常常和同学到处去参观、游览。

听说您下个月要从北京来广州出差，听到这个消息我非常高兴，到时我可以陪您多看看。好了，今天就写到这里，盼望尽快见到您。

祝您
工作顺利！

学生 李敏怡
2017 年 9 月 13 日

二、说一说

阅读例文，回答下列问题。

1. 写信人和收信人是什么关系？

2. 书信正文第一段应该写什么？

3. 书信正文最后应该写什么？

三、写一写

1. 请根据写信人和收信人的关系，写出写信人的自称。

例：写给老师的信　　　　　　自称：学生

（1）写给父母的信　　　　　　自称：_____
（2）写给哥哥、姐姐的信　　　自称：_____
（3）写给祖父、祖母的信　　　自称：_____
（4）写给朋友的信　　　　　　自称：_____

2. 请按照书信正确的顺序重新排列下面的句子。

（　　）现在正是北京的秋天，是这里一年之中天气最好的时候。我常常和同学相约到处去玩，这样我们可以一边欣赏风景，一边练习汉语。

第十五课　应用：书信
Lesson Fifteen

（　　）我和同学住在一起，两个人住一个房间。我的同屋是一个泰国人，他不太会说英文，所以我们不得不用汉语来交流。

（　　）好了，就写到这里吧，等着你的回信。

（　　）亲爱的美柔：

（　　）祝你幸福！

（　　）你好！好久没通信了，你过得好吗？回国之后你还常常练习汉语吗？

（　　）友　曹月明

（　　）今天是11月20日，时间过得真快，开学至今已经快三个月了，新学期的一切都很好，只是我常常想念你。

（　　）2018年11月20日

（　　）我在这里一切都好，请不要牵挂。

3. 请给你的亲人或朋友写封信，告诉他们你最近学习和生活的情况。

建议字数：400字左右。

第十五课　应用：书信
Lesson Fifteen

四、读一读

课后读一读下面的书信,说说有什么错误。

书　信

妈妈:

你好!

我在中国虽然学习很辛苦,但生活很开心。妈妈不用担心我。

祝:幸福!

2019年1月1日　李飞

参考答案
Reference Answer

第一课　记叙的要素

三、写一写

1. 根据图片，写出相关的六要素。

（1）周末，玛丽、露西和蜜雪儿在百货公司逛街，最后她们买了很多衣服。

（2）周末的时候，明明一家人在厨房做饭。爸爸耐心地教明明怎么切菜，妈妈在旁边打鸡蛋，他们看起来很幸福！

（3）星期六，我和朋友在电影院看电影，我们一边看电影一边吃爆米花。这部电影非常有意思。

2. 请根据记叙的六要素，把下列句子重新排列为一篇完整的文章。

（1）3　1　4　2　6　5

（2）5　1　3　7　4　2　6

3. 当堂作文。

略

145

第二课　记叙的人称

三、写一写

1. 下面这几段话分别是用什么人称来写的？请选择正确的答案。

（1）第一人称

（2）第三人称

（3）第二人称

2. 请按要求改变下面句子记叙的人称。

（1）我想："这件事情不能怪麦克。要怪就要怪我自己。"

（2）我第一个站起来，轻轻地走到讲台，把试卷交给了陈老师。

（3）我想找玛丽一起做听说课的对话练习，但玛丽不在宿舍，我只好找别的同学了。

（4）他本来想坐地铁的时候带本书看的，可是放到包里觉得实在太沉，又把它拿出来了。

（5）昨天他回到家里，肚子正饿呢，没想到他的房东老奶奶给他送了一盘饺子。冲了一杯美式咖啡，他吃了一顿美味的中美混合餐。

（6）北京大学花儿开了，她拍了很多照片发给她的朋友们看，他们都说美极了，非常羡慕她能在这么美丽的校园里学习。

3. 下面这段话是用第一人称叙述的，找一找什么地方有问题，跟同学讨论一下怎么修改。

问题：用第一人称来叙述，只能写"我"所能看到的、听到的、想到的、感受到的东西。"我"晕了之后的情况"我"是看不到的，因此只能删掉。

4. 这篇短文是用第三人称描写的，试一试以"王太太"为第一人称进行改写。

略

第三课　应用：请假

三、写一写

1. 思考练习：阅读下面的请假条，后面有修改意见，请判断修改意见是否正确。

（1）√

（2）√

（3）✕

（4）✕

（5）✕

（6）√

（7）✕

2. 表达练习：请仿照例子，补充请假条中的请假理由和请假事项。

（1）我因去机场接妈妈，<u>明天上午不能来上课。</u>

（2）我因身体的原因，<u>需要休学半年。</u>

（3）<u>我因有课，</u>不能参加今天的活动。

（4）<u>我因家庭原因，</u>不能继续学习。

（5）我因<u>要回国参加毕业典礼，</u><u>下周需要请假一周。</u>

3. 下面这些句子比较口语化，请你用括号中的词把句子修改成书面语。

（1）我因明天有事，特此请假一天。

（2）我要请假，请予批准。

（3）我因姐姐要结婚，将于下周三回国。

（4）我得知我的朋友要来广州。

4. 当堂作文。
略

第四课　记叙的顺序

三、写一写

1. 请阅读下面的句子，判断记叙的顺序是顺叙、倒叙还是插叙。

（1）顺叙　　　（2）倒叙　　　（3）插叙

2. 下面这篇文章的顺序被打乱了，请按照"倒叙"的顺序调整。

1　2　5　3　4

3. 当堂作文。
略

第五课　记叙的详略

三、写一写

1. 下面是三篇短文的题目和材料，请根据文章的主题选出需要详写的部分。

（1）第三部分：我是怎么做饭的。

（2）第五部分：我和小朋友怎么玩这个游戏的。

（3）第四部分：决赛的第三局我们是怎么打的。

2. 下面的句子写得比较简单，请把它们写得详细一点儿。

（1）他满头大汗地做饭。
　　他做饭做得特别精细。

（2）当老鹰的同学张牙舞爪地扑向别的小朋友。
　　当老鹰的同学扑向别的小朋友，小朋友们紧张地左右跑动。

（3）他稳稳当当地接住了我的球。
　　他接住了我往下扣杀的球，又立刻发了回来。

3. 当堂作文。
　　略

第六课　应用：请柬

三、写一写

1. 请在下面的空格中填上一个合适的词。

```
                请　柬

  黄美丽小姐：
      12月1日是我们公司成立的日子，届时我们将举行一
  个庆祝晚宴。
      敬请光临！
    时间：下午6:30
    地点：丽思卡尔顿酒店3楼宴会厅

                                        丹尼
                                   2018年7月20日
```

2. 请把下面的词语按顺序排列成一句话。

（1）兹订于2019年3月12日 上午9时在国际金融中心举办北京国际贸易讨论会。

（2）为庆祝我公司成立10周年，订于6月30日下午六时在白云宾馆一楼举行酒会。

（3）兹订于6月30日下午3点整在学校礼堂举行毕业典礼。

（4）本周三下午两点半在天河体育中心，中国羽毛球队与泰国羽毛球队进行比赛。

（5）兹订于本月20日在北京国际博览中心举办国际游戏软件交易会。

（6）12月25日是圣诞节，届时我校将举行圣诞派对。

3. 下面是一封请柬，里面有一些问题，请按照要求进行修改。

略

第七课　记叙的线索

三、写一写

1. 阅读下列几个片段后，为其寻找一个共同的线索。
   线索是：__名字__

2. 下面是三篇文章的线索，请你做一个简单的提纲，试试能不能列举出三件和这个线索相关的事情来。
   略

3. 第二题的《坐出租车》《明信片》《早餐》，哪一个题目你最感兴趣？请把这个题目作为线索，按照上文拟的提纲写成一篇完整的记叙文。
   略

第八课　记一件事情

略

第九课　应用：祝贺

三、写一写

1. 下面是一些表示祝贺的短语，请选择它们使用的场合。
   （1）圣诞节来了，你对朋友说：__祝你圣诞快乐！__
   （2）新年来了，你对朋友说：__恭喜发财！__

（3）朋友的公司开业了，你对他说：恭祝开业大吉！

（4）朋友结婚了，你对他们说：祝你们白头到老！

（5）爷爷七十岁生日，你对他说：祝您健康长寿！

（6）你的妹妹在读大学，你对她说：祝你学习进步！

（7）你的朋友要去旅行，你对她说：祝您旅途愉快！

（8）你的同学要坐飞机回国，你对他说：祝你一路平安！

2. 仿照例句，改写下面的句子。

（1）祝贺您成为贵公司总经理！

（2）祝贺贵店开业！

（3）祝贺你们结婚！

（4）我代表桥新公司祝贺贵公司新开了自己的广告公司。

3. 新年快来了，你需要写一些新年贺卡，请按要求当堂完成。

略

第十课　编一个故事

略

第十一课　开头与结尾

三、写一写

1. 请写出下面几篇文章采用了什么开头方式。

（1）用疑问句提问的开头。

（2）引用名人名言、俗语谚语的开头。

（3）开门见山的开头。

2. 请写出下面几篇文章采用了什么结尾方式。

（1）点明主题

（2）加深主题

（3）自然结尾

3. 下面是三篇文章的开头和结尾，请找出哪一个开头和结尾是同一篇文章的，并说说为什么。

（1）A 开头与（ a ）结尾是同一篇文章的。

（2）B 开头与（ c ）结尾是同一篇文章的。

（3）C 开头与（ b ）结尾是同一篇文章的。

4. 请为《童年"傻"事》这篇文章写一个开头和结尾，注意前后呼应。

略

第十二课　应用：启事

三、写一写

1. 请按照正确的顺序给这则启事重新排序。

　　6　3　4　1　5　2　7

2. 下面这些词和短语比较口语化，请把它们改成书面语。

（1）若干　　（2）当面重谢　　（3）拾到者

（4）失主　　（5）丢失　　　　（6）认领

3. 下面是一个留学生写的寻物启事，你能帮他找出错误的地方并帮他修改吗？

略

第十三课　描写中的修辞（一）

略

第十四课　描写中的修辞（二）

三、写一写

1. 模仿例子，运用对比的修辞方法补充下面的句子。
（1）中国人喜欢喝茶，<u>美国人喜欢喝咖啡</u>。
（2）有人喜欢在大自然中锻炼，<u>有人喜欢在健身房中锻炼</u>。
（3）中国北方人喜欢吃馒头，<u>南方人喜欢吃米饭</u>。
（4）我们班住学校宿舍的人多，<u>租校外房子的人少</u>。
（5）青菜的热量低，<u>肉的热量高</u>。

2. 下面哪些句子运用了正衬，哪些运用了反衬。
（1）正衬　（2）反衬　（3）正衬　（4）反衬　（5）正衬

3. 当堂作文。
略

第十五课　应用：书信

三、写一写

1. 请根据写信人和收信人的关系，写出写信人的自称。

（1）儿子/女儿　　　（2）弟弟/妹妹

（3）孙子/孙女　　　（4）友

2. 请按照书信正确的顺序重新排列下面的句子。

　6　5　7　1　8　2　9　3　10　4

3. 请给你的亲人或朋友写封信，告诉他们你最近学习和生活的情况。

　　略

后记
Postscript

　　这套教材是由暨南大学华文学院汉语系面向外国留学生的讲义《基础写作1》和《基础写作2》改编而成。该讲义在暨南大学华文学院使用多年。讲义最初是每课有多篇例文和多道课后练习题,但十年来我们在教学实践的过程中,根据教学效果和教师、学生的反馈意见反复修改,最后缩减为现在的一课一两篇例文和三四道练习题（包括当堂写作）。目前国内面向汉语国际教育的写作课一般都是每周二课时,例文和练习过多,会占用大量课堂时间。因此,我们希望控制例文和练习的数量,把课堂更多的时间留给学生当堂写作。

　　汉语写作课每周才二课时,还要留比较多的时间给学生当堂写作,听起来有点"奢侈"。"听说读写"四种技能课中,听说课让学生当堂听和说,阅读课让学生当堂阅读,是非常普遍的做法,而在写作课上让学生当堂写作,似乎还不太常见。通过课堂教学实践,我们认为这是可行的也是必要的。对于留学生来说,在开始汉语写作时需要建立一些好的写作习惯,如：

　　1. 在写作前先列出文章的关键词或提纲,为正式写作做好结构准备。

　　2. 写作过程中不要边查字典边写作,可以在写作过程中用拼

后记
Postscript

音、学生的母语、媒介语、图画等代替不会写的汉语字词，写完全文再集中查字典或请教老师。

3. 写作过程中注意力需集中，当堂完成容易做到，课后写作容易被其他事情打断，影响写作进程和质量。

4. 写作速度需渐进提高，课后写作没有办法约束写作的时间，没有时间的规定就没有速度的提升。当堂写作，教师可以有效地帮助学生培养这些习惯。

此外，教师还可以组织学生当堂进行限时的小组讨论、调查、采访、对比等活动。这些活动可以为学生的写作内容提供帮助，降低当堂写作的难度。即使学生没有办法当堂写完，在课堂上完成作文的构思和提纲，也能有效提高学生的写作水平。

基于这些考虑，这套教材最终呈现为这样一种简单、拙朴的面貌，以尽量体现汉语国际教育"精讲多练"的教学原则。

近年来我们先后到日本、泰国、印度尼西亚、菲律宾、柬埔寨、马来西亚、意大利、美国等多个国家调研当地汉语写作的教学情况，为暨南大学海外教学点的汉语学习者授课，也多次为国侨办的华文教师进修班培训汉语写作教学法。在与海外的教师、学生交流的过程中，我们发现海外也亟须难度适中、训练有效的汉语基础写作教材。这套教材的例文和练习，也注意选择了不同国家的老师、学生都可以理解，都有话可说的内容。因此这套教材也适用于海外的华文写作教学。

本教材在定稿的过程中，我们受国侨办的委托，为柬埔寨的中小学华校编写了一套《华文写作》教材，因此本教材的编写方法也受到项目组莫海滨博士、宗世海博士、刘文辉博士、常芳清老师、王晶博士的启发和指导,感谢北京大学出版社的杜若明老师、任蕾老师、唐娟华老师的信任和帮助。热忱欢迎专家和同行们的批评和建议。

最后,谨以这套教材献给每一位曾在我们的写作课上畅所欲言、投入写作的留学生同学们。

李丹丹

2018 年 6 月 20 日